AF193343

Stories in easy Spanish
Level A1 - Book 2
- WITH AUDIO -

Created for learners of Spanish as a foreign language

Download your audio:

Step 1: Go to Esidioma.com/extras

Step 2: Use the following code:

GYlmr

Do you need help? Contact us: info@Esidioma.com

esidioma.com

Contents

Un piloto en México 4

A pilot in Mexico

De Sevilla a la Luna 12

From Seville to the Moon

Mark, un actor en Argentina 20

Mark, an actor in Argentina

Mi amiga vive en Cuba 28

My friend lives in Cuba

Soy un abogado en Chile 36

I'm a lawyer in Chile

Greta trabaja en Colombia 44

Greta works in Colombia

Un restaurante en Perú 52

A restaurant in Peru

Learn Spanish with us!
If you want to improve your language skills,
we have all you need

Copyright © Esidioma
Texts: José Antonio Santiago
Design: Esidioma Team
Images: pexels.com
ISBN - 978-84-16971-62-6
Legal Deposit - AS 01357-2024

Un piloto en México
A pilot in Mexico

Vocabulario

1. piloto (m.) — pilot
2. volar — to fly
3. tener miedo — to be afraid
4. peligroso — dangerous
5. por cierto — by the way
6. levantarse — to get up
7. pronto — early
8. dormir — to sleep
9. viajar — to travel
10. país (m.) — country
11. conocer — to know, to get to know
12. inteligente — intelligent
13. aburrido — boring
14. hacer ejercicio — to exercise
15. correr — to run
16. beber — to drink
17. fumar — to smoke
18. comida (f.) — food
19. sano — healthy
20. regalo (m.) — present, gift
21. camiseta (f.) — T-shirt
22. significar — to mean
23. letra (f.) — letter
24. leer — to read
25. mundo (m.) — world

Un piloto en México

¡Hola! Este es mi amigo Erick. Vive en Tijuana, en México, y es piloto. No me gusta el trabajo de Erick. ¿Sabéis por qué? Porque no me gusta volar. Tengo miedo a volar. Creo que volar es peligroso.

Por cierto, Erick se levanta muy pronto. Tiene que ir al aeropuerto a las cinco de la mañana. ¡A las cinco de la mañana! Yo no puedo hacer eso porque me gusta dormir. Por eso, yo no puedo ser piloto.

Mi amigo Erick viaja mucho. Siempre está en un país nuevo. Conoce muchas ciudades. Además, habla cinco idiomas. ¡Madre mía! Erick es muy inteligente. Yo no hablo otros idiomas. ¡Qué pena!

A pilot in Mexico

Hello! This is my friend Erick. He lives in Tijuana, in Mexico, and is a pilot. I don't like Erick's job. Do you know why? Because I don't like flying. I'm afraid of flying. I think flying is dangerous.

By the way, Erick gets up very early. He has to go to the airport at five in the morning. At five in the morning! I can't do that because I like sleeping. That's why I can't be a pilot.

My friend Erick travels a lot. He's always in a new country. He knows many cities. Besides, he speaks five languages. Oh my! Erick is very intelligent. I don't speak other languages. What a pity!

Después de trabajar, Erick siempre va a la cafetería del aeropuerto. Le gusta hablar con otros pilotos. Los pilotos siempre tienen historias interesantes. Mis historias son siempre aburridas.

A Erick le gusta hacer ejercicio. Cuando está en Tijuana, va a correr todos los días. Además, no bebe alcohol y no fuma. Y solo come comida sana. ¡Erick es un superhéroe!

Hoy voy a ver a Erick. Dice que tiene un regalo para mí:

—Es una camiseta de Japón. ¿Te gusta?

—Sí, es muy bonita. Pero ¿qué significan estas letras japonesas? No sé leer japonés.

—Aquí dice: "Mi amigo no habla idiomas. No le gusta volar. No quiere hacer ejercicio. Pero es mi mejor amigo".

—¡Me encanta! Eres el mejor amigo del mundo.

After work, Erick always goes to the airport cafe. He likes talking to other pilots. Pilots always have interesting stories. My stories are always boring.

Erick likes to exercise. When he's in Tijuana, he goes running every day. Besides, he doesn't drink alcohol and doesn't smoke. And he only eats healthy food. Erick is a superhero!

Today, I'm going to see Erick. He says he has a present for me:

"It's a T-shirt from Japan. Do you like it?"

"Yes, it's very nice." But what do these Japanese letters mean? I can't read Japanese.

"Here it says: «My friend doesn't speak languages. He doesn't like flying. He doesn't want to exercise. But he's my best friend.»"

"I love it! You're the best friend in the world."

Ejercicios

1 Escoge la preposición correcta
Choose the correct preposition

1. Tengo miedo **por / a** volar.
2. **De / Por** cierto, Erick se levanta muy pronto. Tiene que
ir **del / al** aeropuerto **de / a** las cinco **de / por** la mañana.
3. Después **de / a** trabajar, Erick va **en / a** la cafetería.
4. Le gusta hablar **para / con** otros pilotos.
5. Erick dice que tiene un regalo **para / por** mí.
6. Eres el mejor amigo **al / del** mundo.

2 Escoge la respuesta correcta
Choose the correct answer

1. ¿Quién tiene miedo a volar?
   a) Erick b) los pilotos c) el amigo de Erick
2. ¿Cuántos idiomas habla Erick?
   a) cinco b) dos c) cuatro
3. ¿Quién tiene siempre historias interesantes?
   a) los japoneses b) el amigo de Erick
   c) los pilotos
4. ¿A dónde va Erick después de trabajar?
   a) a correr b) a la cafetería c) a dormir
5. ¿Qué regalo tiene Erick para su amigo?
   a) un viaje a Japón b) una camiseta c) un libro japonés

3 Completa las frases con las siguientes palabras:
Complete the sentences using the following words:

todos / levanta / letras / mejor /
peligroso / pena

1. Creo que volar es _____ .
2. Erick se _____ muy pronto.
3. Eres el _____ amigo del mundo.
4. Va a correr _____ los días.
5. Yo no hablo otros idiomas. ¡Qué _____ !
6. ¿Qué significan estas _____ japonesas?

4 Combina las columnas:
Combine both columns:

1. Mis historias son   a. fuma
2. No sé leer   b. aburridas
3. Erick no bebe alcohol y no c. nuevo
4. Siempre está en un país   d. japonés
5. No quiero hacer   e. sana
6. Erick solo come comida   f. ejercicio

Soluciones

Ejercicio 1: 1–a, 2–Por, al, a, de, 3–de, a, 4–con, 5–para, 6–del
Ejercicio 2: 1-c, 2-a, 3-c, 4-b, 5-b
Ejercicio 3: 1–peligroso, 2–levanta, 3–mejor, 4–todos,
5–pena, 6–letras
Ejercicio 4: 1–b, 2–d, 3–a, 4–c, 5–f, 6–e

De Sevilla a la Luna
From Seville to the Moon

Vocabulario

1.	Luna (f.)	Moon
2.	gente (f.)	people
3.	cosa (f.)	thing
4.	famoso	famous
5.	hace calor	it's hot
6.	verano (m.)	summer
7.	espacio (m.)	space
8.	hace frío	it's cold
9.	increíble	incredible
10.	fácil	easy, simple
11.	noticia (f.)	news, piece of news
12.	próximo	next
13.	lunes (m.)	Monday
14.	semana (f.)	week
15.	estrella (f.)	star
16.	mes (m.)	month
17.	volver	to come back
18.	Tierra (f.)	Earth
19.	preocupado	worried
20.	contento	happy, glad
21.	mirar	to look
22.	cielo (m.)	sky
23.	actriz (f.)	actress
24.	enfadarse	to get angry
25.	reírse	to laugh

De Sevilla a la Luna

Hola, soy Ana. Vivo en Sevilla, la ciudad más bonita de España. Pero mis amigos dicen que vivo en la Luna. ¿Sabes por qué? Porque soy astronauta.

Trabajo en la Agencia Espacial Española. Aquí trabaja gente de muchos países. Hacemos cosas muy interesantes. Creo que tengo el mejor trabajo del mundo.

Me gusta mi trabajo y me gusta esta ciudad. Sevilla es una ciudad muy famosa. Todo el mundo conoce Sevilla, ¿verdad? Aquí hace mucho calor en verano. ¡Me encanta! ¿Quieres saber por qué? Porque en el espacio hace mucho frío.

From Seville to the Moon

Hello, I'm Ana. I live in Seville, the most beautiful city in Spain. But my friends say that I live on the Moon. Do you know why? Because I'm an astronaut.

I work at the Spanish Space Agency. People from many different countries work here. We do very interesting things. I think I have the best job in the world.

I like my job, and I like this city. Seville is a very famous city. Everyone knows Seville, right? It's very hot here in summer. I love it! Do you want to know why? Because in space, it's very cold.

Viajar al espacio es increíble. Pero no es fácil. Hay que hacer muchas cosas: hay que estudiar, hay que hacer ejercicio, hay que trabajar mucho… Pero hoy tengo buenas noticias. El próximo lunes voy a ir al espacio. Sí, la semana que viene voy a ver las estrellas. ¡Qué bien!

Mi padre dice: "¿Por qué quieres ir al espacio? Es muy peligroso". Y yo digo: "Papá, no te preocupes. El mes que viene voy a volver a la Tierra". Mi padre está preocupado y contento al mismo tiempo. Dice: "Buen viaje. Voy a mirar al cielo todos los días".

Mi hija me dice: "Yo también quiero ser astronauta". Y yo le digo: "No, es muy peligroso. ¿No quieres ser doctora o actriz?". Entonces, ella se enfada: "¡No! Quiero ser astronauta. Quiero vivir en la Luna, como tú". Yo me río. No es mala idea. Podemos vivir juntas en Sevilla o en la Luna.

Travelling to space is incredible. But it isn't easy. You have to do many things: you have to study, you have to exercise, you have to work a lot... But today, I have good news. Next Monday, I'm going to go to space. Yes, next week I'm going to see the stars. Great!

My father says, "Why do you want to go to space? It's very dangerous." And I say, "Dad, don't worry. Next month, I'm going to come back to Earth." My father is worried and happy at the same time. He says, "Have a good trip. I'm going to look at the sky every day."

My daughter tells me, "I want to be an astronaut, too." And I tell her, "No, it's very dangerous. Don't you want to be a doctor or an actress?" Then, she gets angry, "No! I want to be an astronaut. I want to live on the Moon, like you." I laugh. It's not a bad idea. We can live together in Seville or on the Moon.

Ejercicios

---

1 Escoge la preposición correcta
Choose the correct preposition

1. Vivo **en / a** Sevilla, la ciudad más bonita **de / a** España.
2. Aquí hace mucho calor **por / en** verano.
3. El mes que viene voy **a / de** volver **a / de** la Tierra.
4. Mi padre está preocupado y contento **al / en** mismo tiempo.
5. Voy a mirar **por el / al** cielo todos los días.
6. Aquí trabaja gente **de / por** muchos países.

2 Escoge la respuesta correcta
Choose the correct answer

1. ¿Cuál es la profesión de Ana?
   a) doctora b) actriz c) astronauta
2. ¿Qué tiempo hace en Sevilla en verano?
   a) hace calor b) hace frío c) hace mucho viento
3. ¿Cuándo va a ir Ana al espacio?
   a) el mes que viene b) el próximo lunes
   c) en verano
4. ¿Quién está preocupado por Ana?
   a) su padre b) su hija c) los astronautas
5. ¿Cuándo va a volver Ana a la Tierra?
   a) este mes b) la semana que viene c) el mes que viene

3 Completa las frases con las siguientes palabras:
Complete the sentences using the following words:

estrellas / espacio / contento /
cielo / juntas / enfada

1. Viajar al _____ es increíble.
2. La semana que viene voy a ver las _____ .
3. Voy a mirar al _____ todos los días.
4. Mi padre está preocupado y _____ al mismo tiempo.
5. Mi hija se _____: "¡No! Quiero ser astronauta".
6. Mi hija y yo podemos vivir _____ en Sevilla o en la Luna.

4 Combina las columnas:
Combine both columns:

1. Tengo el mejor trabajo del   a. días
2. Sevilla es una ciudad muy   b. frío
3. En el espacio hace mucho   c. mundo
4. Hoy tengo buenas   d. noticias
5. Voy a mirar al cielo todos los   e. Tierra
6. El mes que viene voy a volver a la   f. famosa

Soluciones

Ejercicio 1: 1–en, de, 2–en, 3–a, a, 4–al, 5–al, 6–de
Ejercicio 2: 1-c, 2-a, 3-b, 4-a, 5-c
Ejercicio 3: 1–espacio, 2–estrellas, 3–cielo, 4–contento,
5–enfada, 6–juntas
Ejercicio 4: 1–c, 2–f, 3–b, 4–d, 5–a, 6–e

Mark, un actor en Argentina
Mark, an actor in Argentina

Vocabulario

1. cine (m.)	cinema
2. película (f.)	film
3. teatro (m.)	theatre
4. actor (m.)	actor
5. rápido	quickly
6. clase (f.)	class, lesson
7. restaurante (m.)	restaurant
8. practicar	to practice
9. cliente (m.)	client, customer
10. palabra (f.)	word
11. simpático	friendly
12. playa (f.)	beach
13. martes (m.)	Tuesday
14. típico	traditional, typical
15. probar	to try
16. plato (m.)	dish
17. rico	tasty
18. fin (m.) de semana	weekend
19. vender	to sell
20. palomitas (f. pl.)	popcorn
21. bebida (f.)	drink
22. póster (m.)	poster
23. niño (m.)	child, boy
24. tener razón	to be right

Mark, un actor en Argentina

¿Te gusta ir al cine? ¿Te gusta ver películas? A Mark le gusta el cine y el teatro. Por eso, él es actor. En su país, Mark es muy famoso. Todo el mundo lo conoce. Pero nadie lo conoce en México o Argentina. Por eso, quiere aprender español.

Ahora vive en Quilmes. Es una ciudad muy bonita en Argentina. Vive aquí para aprender español. Quiere aprender rápido. Por eso, va a clases de español todos los días.

Además, trabaja en un restaurante. Le gusta su trabajo porque puede practicar español. Habla con los clientes y aprende palabras nuevas.

Mark, an actor in Argentina

Do you like going to the cinema? Do you like watching films? Mark loves cinema and theatre. That's why he's an actor. In his country, Mark is very famous. Everyone knows him. But nobody knows him in Mexico or Argentina. That's why he wants to learn Spanish.

Now he lives in Quilmes. It's a very beautiful city in Argentina. He lives here to learn Spanish. He wants to learn quickly. That's why he goes to Spanish classes every day.

Besides, he works in a restaurant. He likes his job because he can practice his Spanish. He talks to customers and learns new words.

Mark está contento en Quilmes. Le gusta vivir en Argentina. Dice que la gente es simpática. Además, hay una playa muy bonita. ¡Y el tiempo es perfecto! Por cierto, todos los martes va a un restaurante de comida típica argentina. Le gusta probar platos nuevos. "¿Cómo se llama esto? ¡Mmmmmh, me encanta! ¿Y esto? ¡Madre mía! ¡Qué rico!".

Los fines de semana, Mark trabaja en un cine. Vende palomitas y bebidas. Hoy, hay una película muy interesante. ¿Sabes por qué? Porque Mark está en esa película. Por cierto, Mark está en el póster de la película.

Un niño viene y mira el póster. Después, mira a Mark y dice: "Señor, ¿es usted actor?". Mark dice: "Sí. Soy actor, pero ahora trabajo aquí". Y el niño dice: "Claro. Todos los actores trabajan en un cine". Mark se ríe porque el niño tiene razón.

Mark is happy in Quilmes. He likes living in Argentina. He says that people are friendly. Besides, there's a very nice beach. And the weather is perfect! By the way, every Tuesday he goes to a restaurant with traditional Argentine food. He likes trying new dishes. "How is this called? Mmmmh, I love it! And that? Oh my! It's so tasty!"

On weekends, Mark works at a cinema. He sells popcorn and drinks. Today, there's a very interesting film. Do you know why? Because Mark is in that film. By the way, Mark is on the film poster.

A boy comes and looks at the poster. Afterwards, he looks at Mark and says, "Sir, are you an actor?" Mark says, "Yes. I'm an actor, but now I work here." And the boy says, "Of course. Every actor works at a cinema." Mark laughs because the boy is right.

Ejercicios

---

1 Escoge la preposición correcta
Choose the correct preposition

1. ¿Te gusta ir **en / al** cine?
2. **A / De** Mark le gusta el cine. **Por / De** eso, él es actor.
3. Vive en Argentina **a / para** aprender español.
4. **Con / Por** cierto, todos los martes va a un restaurante **de / en** comida típica argentina.
5. Mark está **al / en el** póster **de / por** la película.
6. Mark va **a / de** clases **a / de** español todos los días.

2 Escoge la respuesta correcta
Choose the correct answer

1. ¿Dónde es famoso Mark?
   a) en Argentina b) en México c) en su país
2. ¿Cuándo trabaja Mark en el cine?
   a) todos los días b) los fines de semana c) los martes
3. ¿A dónde va Mark los martes?
   a) a un restaurante b) al cine c) a clases de español
4. ¿Qué vende Mark en el cine?
   a) comida argentina b) pósters c) palomitas y bebidas
5. ¿Por qué está Mark en el poster de la película?
   a) porque habla español b) porque es actor
   c) porque vende palomitas

 3 Completa las frases con las siguientes palabras:
Complete the sentences using the following words:

fines / película / típica / practicar /
tiempo / famoso

1. Le gusta su trabajo porque puede _____ español.
2. Los _____ de semana, Mark trabaja en un cine.
3. Mark va a un restaurante de comida _____ argentina.
4. En su país, Mark es muy _____ .
5. Mark está en el póster de la _____ .
6. Hay una playa bonita y el _____ es perfecto.

4 Combina las columnas:
Combine both columns:

1. Le gusta probar platos   a. razón
2. La gente en Argentina es   b. clientes
3. Un niño viene y mira el   c. simpática
4. Mark se ríe porque el niño tiene   d. nuevos
5. En el restaurante, habla con los   e. rápido
6. Quiere aprender español   f. póster

Soluciones

Ejercicio 1: 1–al, 2–A, Por, 3–para, 4–Por, de, 5–en el, de,
6–a, de
Ejercicio 2: 1-c, 2-b, 3-a, 4-c, 5-b
Ejercicio 3: 1–practicar, 2–fines, 3–típica, 4–famoso,
5–película, 6–tiempo
Ejercicio 4: 1–d, 2–c, 3–f, 4–a, 5–b, 6–e

Mi amiga vive en Cuba
My friend lives in Cuba

Vocabulario

	Spanish	English
1.	pintor (m.)	painter
2.	tercero	third
3.	isla (f.)	island
4.	para siempre	forever
5.	pintar	to paint
6.	alegre	happy, cheerful
7.	triste	sad
8.	color (m.)	colour
9.	amarillo	yellow
10.	azul	blue
11.	sol (m.)	sun
12.	mar (m.)	sea
13.	importante	important
14.	difícil	difficult
15.	cuadro (m.)	painting
16.	comprar	to buy
17.	turista (m.)	tourist
18.	mujer (f.)	woman
19.	costar	to cost
20.	entender	to understand
21.	nada	nothing
22.	pensar	to think
23.	algo	something
24.	primero	first
25.	útil	useful

Mi amiga vive en Cuba

    ¿Conocéis a mi amiga Alison? Es pintora y vive en Cuba. Este es su tercer mes aquí. Dice que Cuba es una isla muy bonita. Quiere vivir aquí para siempre.

    A Alison le gusta pintar cosas bonitas y alegres. Nunca pinta nada triste. Sus colores favoritos son el amarillo y el azul. Por eso le gusta pintar el sol, la playa y el mar.

    Mi amiga Alison no habla español. ¡Qué pena! No le gusta estudiar. Además, no tiene tiempo. Solo tiene tiempo para pintar. ¿Es importante aprender idiomas? Alison piensa que no es importante. Dice que aprender idiomas es difícil.

My friend lives in Cuba

Do you know my friend Alison? She's a painter and lives in Cuba. This is her third month here. She says that Cuba is a very beautiful island. She wants to live here forever.

Alison likes painting pretty, happy things. She never paints anything sad. Her favourite colours are yellow and blue. That's why she likes painting the sun, the beach and the sea.

My friend Alison doesn't speak Spanish. What a pity! She doesn't like to study. Besides, she doesn't have time. She only has time to paint. Is it important to learn languages? Alison thinks that it's not important. She says that learning languages is difficult.

Alison vende sus cuadros en la calle. Pero nadie los compra. Ella no sabe por qué. Sus cuadros son grandes y bonitos. Además, aquí hay muchos turistas. Y los turistas siempre compran muchas cosas, ¿verdad? ¿Por qué no compran sus cuadros?

Una mujer viene y mira un cuadro. Le gusta mucho. Quiere comprarlo. Así que dice: "¿Cuánto cuesta este cuadro?". Alison no entiende nada. No sabe qué decir. La señora dice: "¿Habla usted español? ¿Puedo comprar este cuadro?". Alison no dice nada. Entonces, la señora dice "gracias" y se va. Alison piensa: "Tengo que hacer algo".

Ahora Alison estudia español todos los días. Un día, un turista viene y dice: "¡Qué cuadro tan bonito! ¿Cuánto cuesta?". Alison lo entiende todo. ¡Va a vender su primer cuadro! ¡Qué bien! Saber idiomas es muy útil, ¿verdad?

Alison sells her paintings on the street. But nobody buys them. She doesn't know why. Her paintings are big and beautiful. Besides, there are a lot of tourists here. And tourists always buy many things, don't they? Why don't they buy her paintings?

A woman comes and looks at a painting. She likes it a lot. She wants to buy it. So, she says, "How much is this painting?" Alison doesn't understand anything. She doesn't know what to say. The woman says, "Do you speak Spanish? Can I buy this painting?" Alison doesn't say anything. Then, the woman says "thank you" and leaves. Alison thinks, "I have to do something."

Now Alison learns Spanish every day. Once, a tourist comes and says, "What a beautiful painting! How much does it cost?" Alison understands everything. She's going to sell her first painting! Great! Knowing languages is very useful, isn't it?

Ejercicios

---

1 Escoge la preposición correcta
Choose the correct preposition

1. Alison vende sus cuadros **en / a** la calle.
2. Quiere vivir aquí **por / para** siempre.
3. Alison no sabe **por / para** qué nadie compra sus cuadros.
4. **A / De** Alison le gusta pintar cosas bonitas y alegres.
5. ¡Qué bien! ¡Va **por / a** vender su primer cuadro!
6. Solo tiene tiempo **de / para** pintar.

2 Escoge la respuesta correcta
Choose the correct answer

1. ¿Qué pinta Alison?
   a) cosas bonitas y alegres b) cosas tristes c) a los turistas
2. ¿Cómo son los cuadros de Alison?
   a) pequeños b) grandes c) pequeños y bonitos
3. ¿Dónde vende Alison sus cuadros?
   a) en la calle b) en la playa c) en una tienda
4. ¿Por qué la mujer no compra el cuadro?
   a) porque no tiene dinero b) porque no le gusta
   c) porque no sabe cuánto cuesta
5. ¿Cuáles son los colores favoritos de Alison?
   a) azul y rojo b) amarillo y blanco c) amarillo y azul

3 Completa las frases con las siguientes palabras:
Complete the sentences using the following words:

cuadro / isla / tan / útil /
cuesta / tercer

1. Cuba es una _____ muy bonita.
2. Este es su _____ mes aquí.
3. Saber idiomas es muy _____ , ¿verdad?
4. Una mujer viene y mira un _____ .
5. La mujer dice: "¿Cuánto _____ este cuadro?
6. ¡Qué cuadro _____ bonito!

4 Combina las columnas:
Combine both columns:

1. Sus cuadros son grandes y   a. pintar
2. Alison nunca pinta nada   b. bonitos
3. Le gusta pintar el sol y la   c. siempre
4. Alison solo tiene tiempo para   d. va
5. La señora dice "gracias" y se   e. triste
6. Quiere vivir aquí para   f. playa

Soluciones

Ejercicio 1: 1–en, 2–para, 3–por, 4–A, 5–a, 6–para
Ejercicio 2: 1-a, 2-b, 3-a, 4-c, 5-c
Ejercicio 3: 1–isla, 2–tercer, 3–útil, 4–cuadro, 5–cuesta, 6–tan
Ejercicio 4: 1–b, 2–e, 3–f, 4–a, 5–d, 6–c

Soy un abogado en Chile
I'm a lawyer in Chile

Vocabulario

1. abogado (m.)		lawyer
2. empresa (f.)		company, firm
3. chino		Chinese
4. capital (f.)		capital
5. millón (m.)		million
6. persona (f.)		person
7. casi		almost
8. hijo (m.)		son
9. escribir		to write
10. falta (f.)		mistake
11. ortografía (f.)		spelling
12. salir de casa		to leave home
13. por la mañana		in the morning
14. por la noche		in the evening, at night
15. compañero (m.) de trabajo		colleague
16. alemán		German
17. a veces		sometimes
18. francés		French
19. oficina (f.)		office
20. un poco		a little
21. mejorar		to improve
22. vecino (m.)		neighbour
23. abrir		to open
24. puerta (f.)		door

Soy un abogado en Chile

🔊 Audio 5

Hola, ¿qué tal? Me llamo Tom y vivo en Chile. Trabajo de abogado en una empresa china. Vivo en la capital, en Santiago de Chile.

Santiago de Chile es una ciudad muy grande. Aquí viven millones de personas. Hay gente de todo el mundo, pero casi todos hablan español. Yo soy de una ciudad pequeña, pero me gusta vivir aquí.

Vivo con mi mujer y mis hijos. Ellos ya hablan español muy bien. Yo lo hablo muy mal. Nunca sé qué decir. Además, cuando escribo, tengo muchas faltas de ortografía. Mi mujer dice que tengo que estudiar todos los días.

I'm a lawyer in Chile

Hi, how are you? My name is Tom, and I live in Chile. I work as a lawyer at a Chinese company. I live in the capital, in Santiago de Chile.

Santiago de Chile is a very big city. Millions of people live here. There are people from all over the world, but almost all of them speak Spanish. I'm from a small city, but I like living here.

I live with my wife and my children. They already speak Spanish very well. I speak it very badly. I never know what to say. Besides, when I write, I have a lot of spelling mistakes. My wife says I have to study every day.

Sí, tengo que aprender español, pero no tengo tiempo. Tengo que trabajar todos los días. Salgo de casa por la mañana y vuelvo por la noche. Nunca tengo tiempo para estudiar.

En el trabajo, casi todo el mundo habla chino. Por eso no puedo practicar mi español. Pero mi chino ahora es muy bueno. Tengo compañeros de trabajo alemanes. Con ellos hablo en alemán. Así que, ahora mi alemán es casi perfecto. Y, a veces, también practico el francés. En esta oficina la gente habla muchos idiomas, pero nadie habla español.

Estoy un poco triste porque no puedo mejorar mi español. Mi mujer me dice: "¿Por qué no vas a hablar con los vecinos?". Mmmmh, bueno, puedo probar. Voy a casa de los vecinos. Abren la puerta… ¡Son japoneses! Sé un poco de japonés. Así que, ahora puedo practicarlo. ¡Qué bien!

Yes, I have to learn Spanish, but I don't have time. I have to work every day. I leave home in the morning and come back at night. I never have time to study.

At work, almost everyone speaks Chinese. That's why I can't practice my Spanish. But my Chinese is very good now. I have German colleagues. I speak German with them. So, now my German is almost perfect. And, sometimes, I also practice French. In this office, people speak many languages, but nobody speaks Spanish.

I'm a bit sad because I can't improve my Spanish. My wife tells me, "Why don't you go talk to the neighbours?" Mmmmh, well, I can try. I go to the neighbours' house. They open the door... They are Japanese! I know a little Japanese. So, now I can practice it. Great!

Ejercicios

 **1** Escoge la preposición correcta
Choose the correct preposition

1. Trabajo **de / por** abogado **en / a** una empresa china.
2. Cuando escribo, tengo muchas faltas **de / con** ortografía.
3. Salgo **de / a** casa **de / por** la mañana y vuelvo **de / por** la noche.
4. Nunca tengo tiempo **para / con** estudiar.
5. **De / A** veces, también practico el francés.
6. Yo soy **de / en** una ciudad pequeña.

2 Escoge la respuesta correcta
Choose the correct answer

1. ¿Dónde vive Tom?
   a) en China b) en una ciudad pequeña c) en Chile
2. ¿Quién tiene faltas de ortografía?
   a) Tom b) su mujer y sus hijos c) sus compañeros chinos
3. ¿Qué idioma NO se habla en la oficina?
   a) el chino b) el español c) el alemán
4. ¿Por qué está Tom un poco triste?
   a) no quiere vivir en Chile b) su mujer está triste
   c) no puede mejorar su español
5. ¿Por qué Tom no practica español con los vecinos?
   a) no tiene vecinos b) son japoneses c) no sabe qué decir

3

Completa las frases con las siguientes palabras:
Complete the sentences using the following words:

abogado / capital / compañeros / casi /
idiomas / puerta

1. Santiago de Chile es la _____ de Chile.
2. En el trabajo, _____ todo el mundo habla chino.
3. Los vecinos abren la _____ ¡y son japoneses!
4. Trabajo de _____ en una empresa china.
5. Tengo _____ de trabajo alemanes.
6. En esta oficina la gente habla muchos _____ .

4

Combina las columnas:
Combine both columns:

1. Aquí viven millones de   a. japonés
2. Ahora mi alemán es casi   b. mañana
3. Sé un poco de   c. personas
4. Voy a casa de los   d. escribo
5. Tengo muchas faltas cuando   e. vecinos
6. Salgo de casa por la   f. perfecto

Soluciones

Ejercicio 1: 1–de, en, 2–de, 3–de, por, por, 4–para, 5–A, 6–de
Ejercicio 2: 1-c, 2-a, 3-b, 4-c, 5-b
Ejercicio 3: 1–capital, 2–casi, 3–puerta, 4–abogado,
5–compañeros, 6–idiomas
Ejercicio 4: 1–c, 2–f, 3–a, 4–e, 5–d, 6–b

Greta trabaja en Colombia
Greta works in Colombia

Vocabulario

1.	doctor (m.)	doctor
2.	hospital (m.)	hospital
3.	marido (m.)	husband
4.	enfermero (m.)	nurse
5.	pareja (f.)	couple
6.	juntos	together
7.	desayunar	to have breakfast
8.	diferente	different
9.	parte (f.)	part
10.	paciente (m.)	patient
11.	doler	to hurt
12.	pregunta (f.)	question
13.	por supuesto	of course
14.	respuesta (f.)	answer
15.	libro (m.)	book
16.	enfermo	sick, ill
17.	examen (m.)	exam, test
18.	matemáticas (f. pl.)	math
19.	colegio (m.)	school
20.	sentirse	to feel
21.	hasta luego	bye, goodbye
22.	necesitar	to need
23.	profesional	professional
24.	curar	to cure
25.	medicina (f.)	medicine

Greta trabaja en Colombia

Greta vive en Bogotá, la capital de Colombia. Es doctora y trabaja en un hospital. En el hospital también trabaja su marido. Él es enfermero y se llama Luis. Son una pareja perfecta.

Todos los días, Greta y su marido se levantan juntos. Desayunan juntos y van al hospital juntos. Pero no trabajan juntos. Un hospital es como una ciudad pequeña. Aquí trabaja mucha gente. Greta y Luis trabajan en diferentes partes del hospital.

Trabajar en un hospital no es fácil. Todos los días, Greta habla con mucha gente. A veces, viene un paciente y dice: "Ay, doctora, me duele mucho aquí.

Greta works in Colombia

Greta lives in Bogota, the capital of Colombia. She's a doctor and works at a hospital. Her husband also works at the hospital. He's a nurse, and his name is Luis. They are a perfect couple.

Every day, Greta and her husband get up together. They have breakfast together and go to the hospital together. But they don't work together. A hospital is like a small city. Many people work here. Greta and Luis work in different parts of the hospital.

Working at a hospital isn't easy. Every day, Greta talks to many people. Sometimes, a patient comes and says, "Oh, doctor, it hurts a lot here.

¿Qué me pasa?". Entonces, Greta tiene que hacer muchas preguntas. Y por supuesto, tiene que entender las respuestas. Por eso tiene que hablar español bien.

Greta compra muchos libros para mejorar su español. Luis dice: "Greta, ¿por qué quieres aprender más? Tu español es perfecto". Y su mujer dice: "No, a veces no entiendo a mis pacientes".

Hoy, el hijo de Greta y Luis está enfermo. "Papá, me duele todo. ¿Qué me pasa?". Luis no sabe qué hacer. Entonces, viene Greta, mira a su hijo y dice: "Hoy tienes un examen de matemáticas y no quieres ir al colegio, ¿verdad?". El niño dice: "Bueno... sí, mamá, tengo un examen... y... y... ya me siento mejor. Hasta luego". Luis se ríe y dice: "Greta, no necesitas mejorar tu español. Ya eres muy profesional. Puedes curar a tus pacientes sin medicinas".

What's wrong with me?" Then, Greta has to ask a lot of questions. And of course, she has to understand the answers. That's why she has to speak Spanish well.

Greta buys a lot of books to improve her Spanish. Luis says: "Greta, why do you want to learn more? Your Spanish is perfect." And his wife says: "No, sometimes I don't understand my patients."

Today, Greta and Luis's son is sick. "Dad, everything hurts. What's wrong with me?" Luis doesn't know what to do. Then, Greta comes, looks at her son and says, "Today you have a math test, and don't want to go to school, do you? The child says, "Well... yes, mum, I have a test... and... and... I feel better already. Bye." Luis laughs and says, "Greta, you don't need to improve your Spanish. You are already very professional. You can cure your patients without medicines."

Ejercicios

 **1** Escoge la preposición correcta
Choose the correct preposition

1. Hoy tengo un examen **de / en** matemáticas.
2. Puedes curar **de / a** tus pacientes **sin / por** medicinas.
3. **Por / En** supuesto, Greta tiene que entender las respuestas.
4. Greta y Luis trabajan **a / en** diferentes partes **al / del** hospital.
5. Todos los días, Greta habla **con / sin** mucha gente.
6. Greta compra libros **por / para** mejorar su español.

2 Escoge la respuesta correcta
Choose the correct answer

1. ¿De qué trabaja el marido de Greta?
   a) es doctor b) es enfermero c) es profesor
2. ¿Por qué compra Greta muchos libros?
   a) los compra para su hijo b) a su marido le gusta leer
   c) porque quiere mejorar su español
3. ¿A quién no entiende Greta a veces?
   a) a sus pacientes b) a su hijo c) a su marido
4. ¿Por qué el hijo de Greta no quiere ir al colegio?
   a) tiene un examen b) está enfermo c) no le gusta
5. ¿De qué es el examen?
   a) de español b) de matemáticas c) de medicina

3 Completa las frases con las siguientes palabras:
Complete the sentences using the following words:

medicinas / duele / siento / preguntas / diferentes / compra

1. Greta y Luis trabajan en _____ partes del hospital.
2. Un paciente dice: "Doctora, me _____ mucho aquí".
3. Greta tiene que hacer muchas _____ .
4. Su hijo dice: "Sí, mamá, ya me _____ mejor".
5. Puedes curar a tus pacientes sin _____ .
6. Greta _____ muchos libros para mejorar su español.

4 Combina las columnas:
Combine both columns:

1. Un hospital es como una ciudad   a. pacientes
2. Hoy el hijo de Greta está   b. pequeña
3. Aquí trabaja mucha   c. colegio
4. A veces, no entiendo a mis   d. gente
5. El hijo de Greta no quiere ir al   e. enfermo
6. Hoy tienes un examen de   f. matemáticas

Soluciones

Ejercicio 1: 1–de, 2–a, sin, 3–Por, 4–en, del, 5–con, 6–para
Ejercicio 2: 1-b, 2-c, 3-a, 4-a, 5-b
Ejercicio 3: 1–diferentes, 2–duele, 3–preguntas, 4–siento, 5–medicinas, 6–compra
Ejercicio 4: 1–b, 2–e, 3–d, 4–a, 5–c, 6–f

Un restaurante en Perú
A restaurant in Peru

Vocabulario

1.	hermana (f.)	sister
2.	sur (m.)	south
3.	cocinero (m.)	cook, chef
4.	italiano	Italian
5.	centro (m.)	centre
6.	preguntar	to ask
7.	quién	who
8.	cada	every, each
9.	secreto (m.)	secret
10.	normalmente	usually
11.	redondo	round
12.	cuadrado	square
13.	delicioso	delicious
14.	jefe (m.)	boss
15.	idea (f.)	idea
16.	amable	friendly
17.	ayudar	to help
18.	comentario (m.)	comment
19.	comer	to eat
20.	peruano	Peruvian
21.	mil (m.)	thousand
22.	sopa (f.)	soup
23.	postre (m.)	dessert
24.	mexicano	Mexican
25.	madre (f.)	mother

Un restaurante en Perú

Hola. Soy Matteo y esta es mi hermana Paula. Ahora vivimos en Lima, en Perú. No somos de aquí. Somos de Palermo, una ciudad del sur de Italia. Somos cocineros y tenemos un restaurante italiano en el centro de la ciudad.

Mucha gente nos pregunta: "¿Os gusta la pizza?". Y nosotros decimos: "Sí, claro. ¿A quién no le gusta la pizza?". Cada cocinero tiene su secreto. Normalmente, las pizzas son redondas. Pero nuestras pizzas son cuadradas y deliciosas.

En el restaurante, Paula es la jefa. Ella tiene las mejores ideas. Es amable y siempre ayuda a todo el

A restaurant in Peru

Hello. I'm Matteo, and this is my sister Paula. Now, we live in Lima, in Peru. We are not from here. We are from Palermo, a city in the south of Italy. We are cooks, and we have an Italian restaurant in the city centre.

Many people ask us: "Do you like pizza?" And we say, "Yes, of course. Who doesn't like pizza?" Every cook has their secret. Usually, pizzas are round. But our pizzas are square and delicious.

At the restaurant, Paula is the boss. She has the best ideas. She is friendly and always helps everyone.

mundo. Los clientes siempre están contentos. Y siempre escriben buenos comentarios en internet. Tenemos el mejor restaurante de la ciudad, porque Paula es la mejor jefa del mundo.

Me encanta comer. Por eso, me gusta vivir en Perú. La cocina peruana es increíble. En Perú, hay muchos platos diferentes. Y todos están muy buenos. La cocina peruana tiene dos mil quinientas sopas diferentes. Además, tiene más de doscientos cincuenta postres típicos. Son muchos, ¿verdad? ¡Quiero probarlos todos!

A veces, mis amigos me preguntan: "Matteo, ¿qué comida es mejor? ¿La peruana o la italiana?". Yo no sé qué decir. ¿Sabéis por qué? Porque mi comida favorita es la comida mexicana. Y también me gusta la cocina española. Además, la mejor comida del mundo es la comida de mi madre.

Customers are always happy. And they always write good comments on the internet. We have the best restaurant in the city because Paula is the best boss in the world.

I love eating. That's why I like living in Peru. Peruvian cuisine is incredible. There are many different dishes in Peru. And they are all very tasty. Peruvian cuisine has two thousand five hundred different soups. Besides, it has more than two hundred and fifty traditional desserts. That's a lot, isn't it? I want to try them all!

Sometimes, my friends ask me: "Matteo, what food is better? Peruvian or Italian?" I don't know what to say. Do you know why? Because my favourite food is Mexican food. And I also like Spanish cuisine. Besides, the best food in the world is my mother's food.

Ejercicios

1 Escoge la preposición correcta
Choose the correct preposition

1. No somos **por / de** aquí. Somos **por / de** una ciudad **del / para** sur de Italia.
2. Tenemos un restaurante **al / en el** centro **de / a** la ciudad.
3. Hacemos la mejor pizza **al / del** mundo.
4. Paula siempre ayuda **con / a** todo el mundo.
5. Los clientes escriben buenos comentarios **a / en** internet.
6. La cocina tiene más **de / a** doscientos cincuenta postres.

2 Escoge la respuesta correcta
Choose the correct answer

1. ¿Quiénes son Matteo y Paula?
   a) son hermanos b) son marido y mujer
   c) son padre e hija
2. ¿Cómo son sus pizzas?
   a) pequeñas b) redondas c) cuadradas
3. ¿Quién tiene las mejores ideas?
   a) Matteo b) Paula c) su madre
4. ¿Qué cocina tiene dos mil quinientas sopas?
   a) la española b) la italiana c) la peruana
5. ¿Cuál es la comida favorita de Matteo?
   a) la comida de su madre b) la peruana c) la pizza

3 Completa las frases con las siguientes palabras:
Complete the sentences using the following words:

cuadradas / sur / encanta / jefa /
postres / preguntan

1. En Perú hay más de doscientos cincuenta _____ típicos.
2. Palermo es una ciudad del _____ de Italia.
3. Paula es la mejor _____ del mundo.
4. Me _____ comer. Por eso, me gusta vivir en Perú.
5. Nuestras pizzas son _____ . ¿Quieres probarlas?
6. Mis amigos me _____ : "Qué comida es mejor?".

4 Combina las columnas:
Combine both columns:

1. Normalmente las pizzas son   a. diferentes
2. Los clientes siempre están   b. redondas
3. Vivimos en Perú pero no somos   c. de aquí
4. Los clientes escriben buenos   d. contentos
5. En Perú hay muchos platos   e. sopas
6. La cocina peruana tiene 2500   f. comentarios

Soluciones

Ejercicio 1: 1–de, de, del, 2–en el, de, 3–del, 4–a, 5–en, 6–de
Ejercicio 2: 1-a, 2-c, 3-b, 4-c, 5-a
Ejercicio 3: 1–postres, 2–sur, 3–jefa, 4–encanta, 5–cuadradas, 6–preguntan
Ejercicio 4: 1–b, 2–d, 3–c, 4–d, 5–a, 6–e

Notas

Notas